AF312106

*Ouvrage adopté dans tous les
Conservatoires et Ecoles de Musique*

100
LEÇONS PROGRESSIVES

DE SOLFÈGE

A CHANGEMENTS DE CLEFS AVEC ACCOMPAGNEMENT DE PIANO
(à l'usage des Elèves-Chanteurs)

1er LIVRE

Clef de *sol* 2e ligne; clef de *fa* 4e; clefs de *sol* 2e et de *fa* 4e mélangées; clef d'*ut* 1re;
les trois clefs mélangées.

Les 20 premières leçons de ce volume *répondent aux programmes* des
Concours pour le Certificat d'aptitude à l'Enseignement du Chant dans les Ecoles Normales
et dans les Ecoles de la Ville de Paris
Les 30 autres leçons *préparent* aux mêmes Concours.

2e LIVRE

Clef d'*ut* 3e ligne; clefs de *sol* 2e, de *fa* 4e, d'*ut* 1re et d'*ut* 3e mélangées;
clef d'*ut* 4e; les cinq clefs mélangées

PAR

E. RATEZ

Directeur du Conservatoire de Lille

Edition sans Accompagnement

Chaque Livre, Pr: Net. 4f
Les mêmes avec Accompagnement de Piano
Chaque Pr: Net. 5f

ALPHONSE LEDUC

Emile LEDUC, P. BERTRAND & Cie, Editeurs de Musique
3, Rue de Grammont, PARIS

1908

100
LEÇONS PROGRESSIVES

DE SOLFÈGE

A CHANGEMENTS DE CLEFS AVEC ACCOMPAGNEMENT DE PIANO

(à l'usage des Elèves-Chanteurs)

1er LIVRE

Clef de sol 2e ligne; clef de *fa* 4e; clefs de *sol* 2e et de *fa* 4e mélangées; clef d'*ut* 1re;
les trois clefs mélangées.

Les 20 premières leçons de ce volume *répondent aux programmes des*
Concours pour le Certificat d'aptitude à l'Enseignement du Chant dans les Ecoles Normales
et dans les Ecoles de la Ville de Paris
Les 30 autres leçons *préparent* aux mêmes Concours.

2e LIVRE

Clef d'*ut* 3e ligne; clefs de *sol* 2e, de *fa* 4e, d'*ut* 1re et d'*ut* 3e mélangées;
clef d'*ut* 4e ; les cinq clefs mélangées

PAR

E. RATEZ

Directeur du Conservatoire de Lille

Edition sans Accompagnement

Chaque Livre, Pr: Net. 4f
Les mêmes avec Accompagnement de Piano (Ft Gd in-8º)
Chaque Pr: Net. 5f

ALPHONSE LEDUC

Emile LEDUC, P. BERTRAND & Cie, Editeurs de Musique
3, Rue de Grammont, PARIS

1908

RAPPORT DES CLÉS
entr'elles

UNISSON D'UT

CLÉ DE SOL
(1re ligne)

CLÉ D'UT
(1re ligne)

CLÉ D'UT
(2me ligne)

CLÉ DE SOL
(2me ligne)

CLÉ D'UT
(3me ligne)

UT

CLÉ D'UT
(4me ligne)

CLÉ DE FA
(4me ligne)

CLÉ DE FA
(3me ligne)

ÉTENDUE DES VOIX
sur leurs clés respectives

VOIX DE FEMMES

SOPRANO

MEZZO-SOPRANO

CONTRALTO

VOIX D'HOMMES

TÉNOR

BARYTON

BASSE

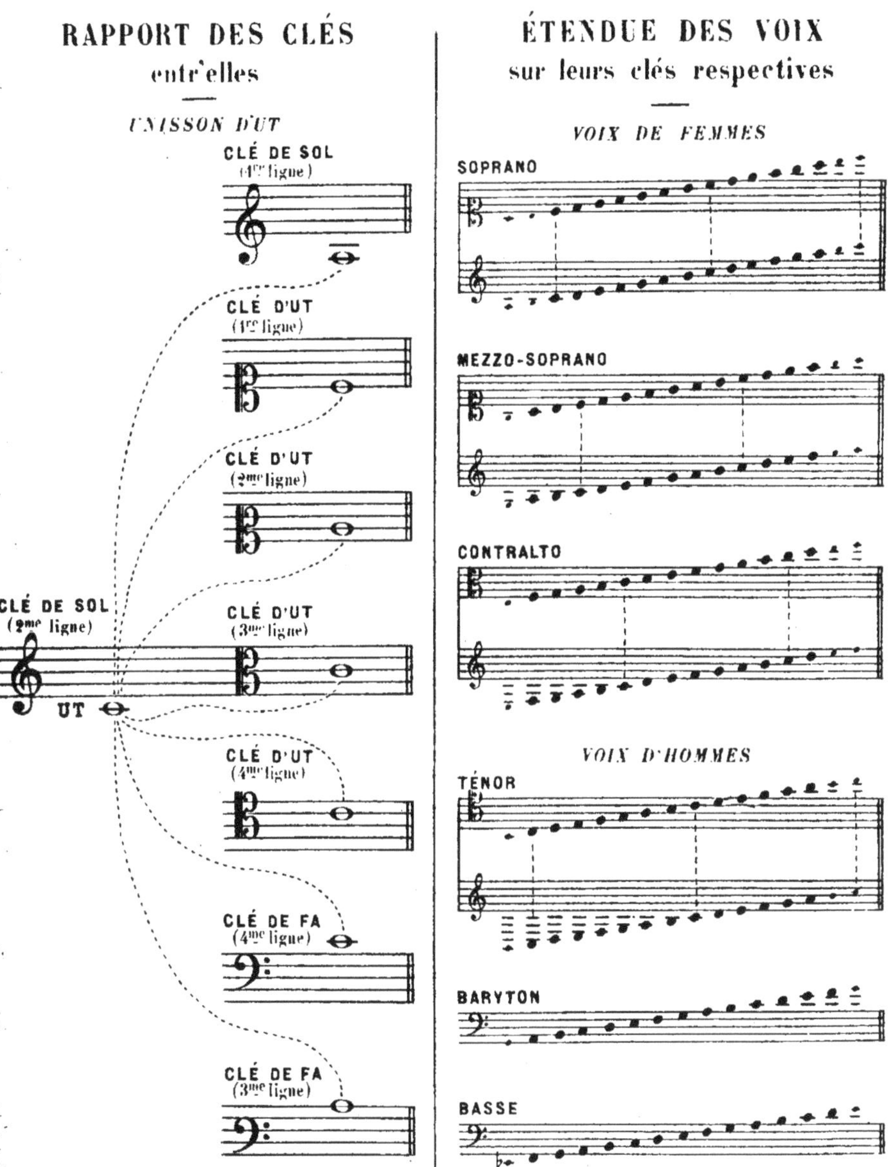

A.L.7757.

TABLE

DU PREMIER VOLUME

CENT
Leçons de Solfège

PREMIER VOLUME   **EMILE RATEZ**

Ire **PARTIE** — *10 LEÇONS sur la CLEF de SOL 2me LIGNE*

Andantino.

N.º 1

Clef de *Sol*

Clef de *Sol*

Allegro moderato.

N.º 3

5
Clef de Sol
Andantino.
N° 4
p
3   3

Clef de *Sol*

Clef de Sol
Allegro risoluto.
Nº 6
Cresc.
f
p
Dim. e ra

Clef de *Sol*

A.L.14,197.

Clef de Sol
Andante.
N.º 8
p Espress.
A.L.14,197.

Clef de *Sol*

Clef de *Sol*

Allegro assai.

N° 10

IIme **PARTIE** — *10 LEÇONS sur la CLEF de FA 4me LIGNE*

Moderato.

Nº 11

A.L.14,197.

Clef de *Fa* 4.ᵉ ligne

Allegro.

N.º 12

Vivace.

14.197.

Clef de Fa 4ª ligne
Tempo di Minuetto.
N° 13

Cléf de *Fa* 4ᵉ ligne

Cette leçon doit être chantée à l'octave par les voix d'homme
et à la double octave par les voix de femme ou d'enfant.

Andante.

Nº 14

Clef de *Fa* 4.e ligne

Allegro moderato.

N.º 15

Maestoso.

N° 16

Andante.

A.U.24,197.

Clef de *Fa* 4ᵉ ligne

Allegro moderato.

Cresc.
Clef de Fa 4ᵉ ligne
Allegro moderato.
Nº 18
mf

Clef de *Fa* 4e ligne
Allegro risoluto.

A.L.14,197.

Clef de *Fa* 4ᵉ ligne

Allegro molto quasi presto.

N.º 20

IIImᵉ PARTIE — *10 LEÇONS sur les DEUX CLEFS*

Clefs de *Sol* et de *Fa* 4ᵉ ligne

Andantino.

Clefs de *Sol* et de *Fa* 4ᵉ ligne

Andantino.

Nº 22

Clefs de *Sol* et de *Fa* 4ᵉ ligne

Clefs de Sol et de Fa 4e ligne
Con moto.
Nº 24
mf
mf
A.L.14,197.

Clefs de *Sol* et de *Fa* 4.ᵉ ligne

Con moto.

N.º 25

Clefs de *Sol* et de *Fa* 4ᵉ ligne

Clefs de *Sol* et de *Fa* 4ᵉ ligne

Moderato.

Clefs de *Sol* et de *Fa* 4ᵉ ligne

A.L.14,197.

Clefs de *Sol* et de *Fa* 4ᵉ ligne

Clefs de Sol et de Fa 4e ligue
Andantino con moto.
N.º 30
p

p

IVᵐᵉ PARTIE — *10 LEÇONS sur la CLEF d'UT 1ʳᵉ LIGNE*

Clef d'Ut 1ʳᵉ ligne

Clef d' *Ut* 1re ligne

Risoluto.

No 32

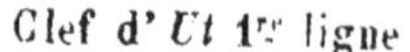

Clef d'Ut 1re ligne
Allegro.
Nº 33
f
p
f
A.L.14,197.

Clef d' Ut 1re ligne
Andantino.
No 34
6/4
p

Clef d'Ut 1re ligne
Allegro deciso.
No 35
f
Dim.
p
3   3   3   3

Clef d'Ut 1re ligne

Allegretto.

N° 36

Clef d'Ut 1re ligne

Moderato.

Nº 37

Clef d'Ut 1re ligne

Andantino.

Nᵒ 38

Clef d'Ut 1re ligne
Allegretto.
No 39
p

Clef d' Ut 1re ligne
Allegretto.
No 40
p

Poco rall.
A tempo.

Vᵐᵉ PARTIE — *10 LEÇONS sur les TROIS CLEFS*

Clefs de *Sol, Fa* 4ᵉ ligne et *Ut* 1ʳᵉ ligne

Andante.

N° 41

A.L.14,197.

Clefs de Sol, Fa 4e ligne et Ut 1re ligne
Adagio.
N.o 42
p Espressivo.
A.L.14,197.

Clefs de *Sol*, *Fa* 4ᵉ ligne et *Ut* 1ʳᵉ ligne

Allegro moderato.

Nᵒ 43

mf
Rall.
A tempo.

48
Clefs de Sol, Fa 4e ligne et Ut 1re ligne
Tempo di marzia.
Nº 44
f
p
f
A.L.14,197.

Clefs de Sol, Fa 4e ligne et Ut 1re ligne
Allegro scherzando.
No 45
p

Clefs de *Sol*, *Fa* 4ᵉ ligne et *Ut* 1ʳᵉ ligne

Andantino.

N.º 46

Poco rall.

A tempo.

Clefs de *Sol*, *Fa* 4ᵉ ligne et *Ut* 1ʳᵉ ligne

Clefs de Sol, Fa 4.e ligne et Ut 1.re ligne
Andantino.
N.o 48
p
Allegro risoluto.
f
3
3

Dim.
1er Mouvement.
Allegro risoluto.
f
1er Mouvement.

Allegro moderato.

N° 49

Clefs de Sol, Fa 4e ligne et Ut 1re ligne
Andantino.
N° 50
p
Allegro.
mf
Rall.
A.L.14,197.
Paris, Imp. Delpiéserte

9 782329 591896